PROJET

DE CRÉATION D'UN

RÉSEAU

TÉLÉPHONIQUE

RELIANT

Lodève & Clermont

AU

Réseau général Français

Par point d'attache à CETTE, centre régional

LODÈVE

Imprimerie J. B. JULLIAN, Grand'Rue

— 1897 —

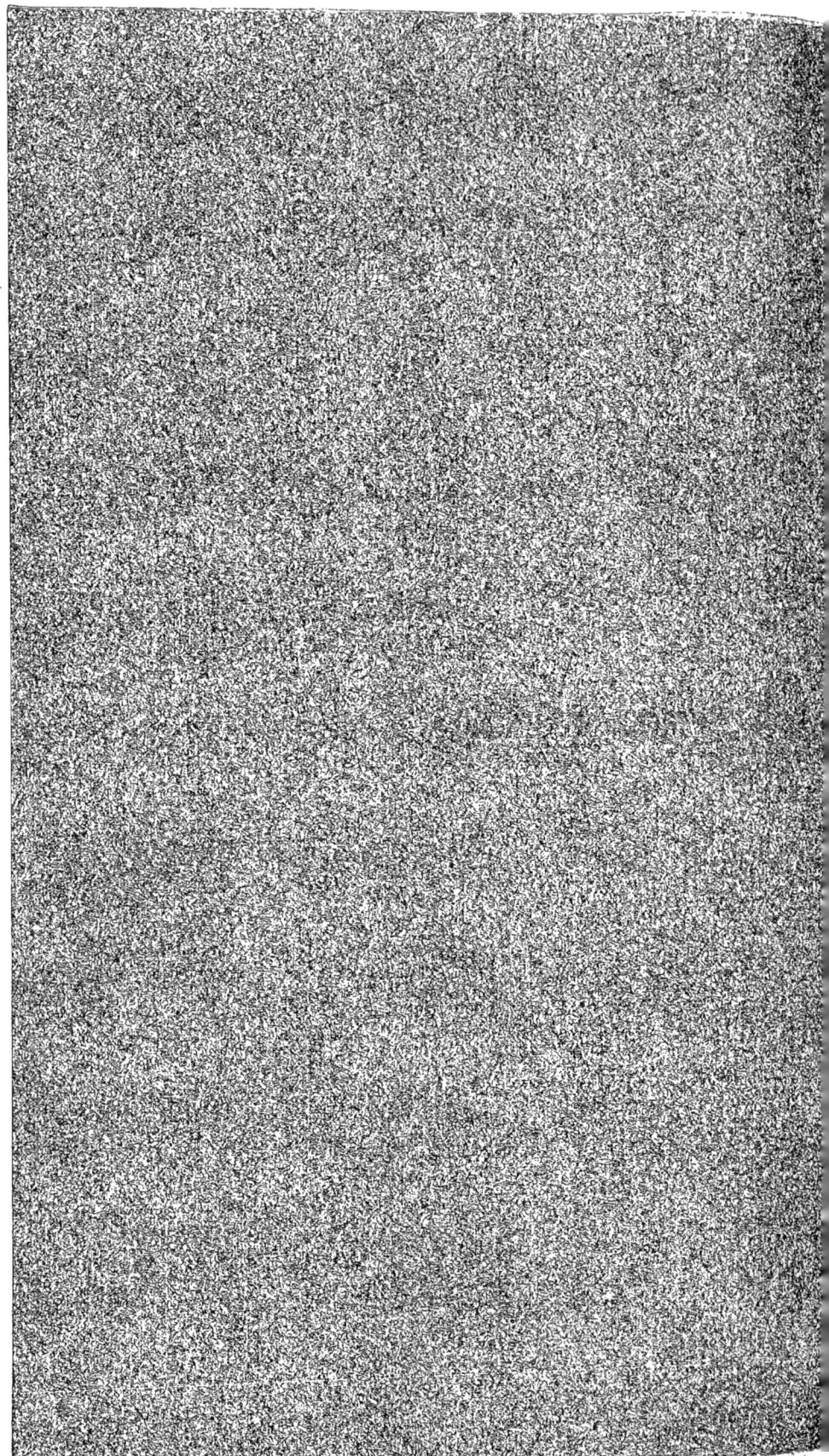

PROJET

DE CRÉATION D'UN

RÉSEAU
TÉLÉPHONIQUE

RELIANT

Lodève & Clermont

AU

Réseau général Français

Par point d'attache à CETTE, centre régional

LODÈVE
Imprimerie J.-B. JULLIAN, Grand'Rue
— 1897 —

PROJET

de création d'un Réseau téléphonique

Reliant LODÈVE & CLERMONT

au Réseau Général Français

Par point d'attache à CETTE, Centre Régional

———•✦•———

Dimanche dernier, 21 mars, dans la salle des délibérations de la mairie de Clermont-l'Hérault, a eu lieu une réunion, a laquelle s'étaient rendues de nombreuses personnes que ce Projet intéresse.

M. le Maire de Clermont, qui a pris à cœur, la réussite de ce projet, était entouré des maires de St-Félix-de-Lodez, de Lacoste et de quelques localités voisines et de M. le receveur des Postes de Clermont.

Monsieur VITALIS, président du Tribunal de Commerce de Lodève, a adressé à ses auditeurs les paroles suivantes :

MESSIEURS,

C'est avec la plus grande satisfaction que j'ai accepté l'aimable invitation que M. le Maire de Clermont a bien voulu m'adresser, et je me suis empressé de m'y rendre avec d'autant plus de plaisir que je ne doutais pas du bon accueil qui m'était réservé.

Tout dernièrement, a eu lieu, à Lodève, une réunion, au cours de laquelle j'ai développé, surtout au point de vue technique et des charges et avantages qui le concernaient, le Projet, dont j'ai pris l'initiative, et, je ne veux pas vous imposer la fatigue d'une deuxième lecture de ce rapport, que plusieurs d'entre vous ont du reste entendu, et dont vous connaissez tous aujourd'hui l'entier exposé par les exemplaires que j'ai eu l'honneur de vous faire parvenir, pour votre édification. Je vous donnerai néanmoins tout-à-l'heure quelques renseignements intéressants. J'ai été heureux, messieurs, de la présence, à cette réunion, des membres les plus autorisés du Commerce et de l'Industrie de votre Ville, de mon honorable collègue, de quelques membres de votre Chambre consultative des Arts et Manufactures et du Conseil municipal, et, à leur tête, de M. le maire de Clermont-l'Hérault.

Je n'avais pas l'honneur, il y a quelques jours à peine, de connaître monsieur Guiraudou, et, vous me permettrez, Messieurs, de déclarer, publiquement ici, que dans cette circonstance, il a été, pour moi, un collaborateur extrêmement précieux.

Je lui dois mes remerciements sincères et l'assurance de ma vive sympathie.

Je m'acquitte de cette dette de reconnaissance

envers lui.

Mes compatriotes eux-mêmes, et, en cela, ils ont fait preuve d'un tact dont je leur sais le plus grand gré, reconnaissant, à juste raison, combien l'aide de M. Guiraudou avait de valeur, lui ont unanimement offert la présidence de cette réunion.

Cette spontanéité, toute cordiale, a dû lui prouver que Lodève et Clermont étaient bien les deux villes Sœurs, et, que leurs intérêts communs les engageaient à s'unir étroitement pour la réalisation du Projet Téléphonique, dont je viens vous entretenir.

Lorsque la Télégraphie a vu le jour, le plus grand nombre doutait de sa réussite et de son utilité, et ne pouvait se faire à l'idée que, dans la suite, elle rendrait les innombrables services qu'elle procure aujourd'hui.

Le progrès de la science, toujours croissant, en a fait une chose de la plus absolue nécessité, tant pour les services publics que pour les services privés.

Les nouvelles les plus importantes, aussi bien que les plus banales sont confiées journellement au fil télégraphique et sont transmises, aux distances les plus rapprochées et sur les points les plus éloignés du globe, à la minute, avec la rapidité de l'éclair, c'est bien le cas de le dire.

Depuis lors, après l'incubation inhérente à toutes les inventions, l'éclosion, d'une nouvelle découverte, s'est produite, sur la base primordiale des mêmes principes, la Transmission électrique de la parole, la Téléphonie.

Je croirais, Messieurs, vous faire injure si je venais vous demander si quelqu'un d'entre vous ne connaît pas, au moins de vue, ces Appareils peu gracieux dans leur forme et qui possèdent, dans leurs flancs étroits, les éléments puissamment nécessaires pour transmettre, aux plus longues distances, la voix, et ces Récepteurs qui apportent, dans l'oreille de celui qui écoute, la parole d'un parent, d'un ami, d'un correspondant en donnant l'illusion complète d'une conversation de tête-à-tête.

Si, pour la Télégraphie, des instruments compliqués sont nécessaires et si leur manipulation réclame un sérieux apprentissage, il n'en est pas du tout de même de l'appareil Téléphonique, simple dans sa forme, encore plus simple dans son emploi. Le premier venu a fait rapidement connaissance avec lui, et, il est à la portée aussi bien des grandes personnes que des enfants, et j'ai eu l'occasion d'en voir se servir, avec la plus grande facilité, d'appareils à directions multiples, dont le système, quoique simple, mérite cependant un peu plus d'attention que ceux à direction unique.

La Télégraphie s'est généralisée ; mais, la

Téléphonie, bien qu'elle ne le soit pas encore autant, est devenue, pour elle, un Adversaire redoutable, avec lequel elle aura certainement à compter, dans l'avenir.

Jetez un regard sur la carte Téléphonique de France, que je mets sous vos yeux.

D'un examen rapide, vous verrez que le grand Réseau Français, dont le cœur bat à Paris, sort de nos frontières pour se prolonger, après avoir traversé la Manche, d'un côté jusqu'en Angleterre et jusqu'en Suisse et en Belgique de l'autre ; vous le verrez se développer, sur notre Territoire National, comme un immense filet, dont les mailles nombreuses tendent à se resserrer chaque jour.

A notre portée, presque à notre vue, presque à nôtre toucher, vient se reposer un nœud de ce filet, auquel le Réseau de Lodève — Clermont peut facilement se rattacher.

Si je me suis rendu à l'invitation qui m'a été faite, c'est dans le but de vous démontrer l'intérêt, qui existe pour nous, de nous y raccorder.

Je n'ai certainement pas besoin de vous convaincre.

Vous l'êtes sûrement déjà, et votre opinion est en entière communion d'idées avec la mienne.

———

Lodève et Clermont sont fières, à juste titre, d'être, dans le Midi, les centres importants d'une

honorable industrie. — Autour de cette industrie, viennent s'en grouper d'autres et un commerce non moins honorables, et non moins importants.

La Viticulture, arrêtée un moment dans son extension, est maintenant, surtout ici et dans vos environs, à son apogée florissante, et ses relations sont nombreuses au-dehors.

Tout cela, indique donc que le Projet à l'étude réclame son exécution.

Vous connaissez les obligations auxquelles nous sommes soumis pour le réaliser.

Vous savez que nous devons constituer la somme nécessaire pour la construction de ce Réseau ; vous savez que c'est une simple avance que nous devons faire à l'Etat et qu'elle nous sera intégralement remboursée.

Il y a évidemment un sacrifice à faire.

Si nous avançons le capital, nous sacrifions entièrement son revenu.

Mais, Messieurs, n'est-il pas reconnu que les valeurs à gros intérêts sont celles dont le capital est le moins garanti.

N'est-il pas constant que celles à intérêts moindres sont plus sûres et qu'on les a dénommées : placements de Père de famille.

Voulez-vous que nous donnions au Placement que nous allons faire, en absolue sécurité, un nom qui sonnera bien à toutes les oreilles. Ce Placement à capital remboursable, mais à revenu sacrifié, nous le baptiserons, si vous le voulez bien : Placement de Patriotes.

Aussi ne dirai-je pas plus aux uns qu'aux autres : Donnez l'exemple, marchez en avant, souscrivez et de nombreux souscripteurs vous suivront. Je ne surchaufferai le zèle d'aucun de vous, car je n'ignore pas que, si mon Projet a été bien accueilli à Lodève, il a reçu à Clermont un accueil aussi favorable. Je sais que vous lui avez donné votre assentiment enthousiaste, et que aucun encouragement n'est à réclamer de votre bonne volonté.

Mais, si aucun encouragement n'est nécessaire, nous devons être touchés par l'exemple qui nous a déjà été donné par quelques souscripteurs, habitant hors région, et, qui, tout en ayant des relations dans le pays, n'avaient cependant qu'un intérêt bien secondaire à aider cette entreprise.

En effet, j'ai eu la bonne fortune d'enregistrer des souscriptions de cette nature. envoyées par des amis, qui ont prouvé, en agissant de la sorte, que Lodève et Clermont ne les laissaient pas indifférents, et que, s'ils n'habitaient pas le pays, ils avaient acquis ainsi Droit de Cité, parmi nous.

J'ose espérer que, à l'aide de tous ces éléments réunis, la Gestation de ce Projet arrivera tout na· naturellement à son terme.

Si, toutefois, quelque complication paraissait devoir se présenter, et devait être à redouter pour son Enfantement normal, afin de prévoir sagement par avance, toutes difficultés qui pourraient être un obstacle à son éclosion naturelle, nous ferons appel, Messieurs, d'ores et déjà, à l'aide salutaire que des Praticiens habiles ne nous ménageront pas.

Ces Praticiens, vous l'avez très bien compris, nous les trouverons dans la personne de nos Conseils Municipaux, qui, par leur chauvinisme local, apporteront, pour hâter l'heureux résultat, le large appoint de leur souscription communale.

La contribution généreuse, qu'ils ne manqueront pas d'ajouter à celle des particuliers, leur donnera droit de Parrainage et sera le signe le plus éclatant de l'Amour et des Bienfaits qu'ils sont toujours heureux de prodiguer et de témoigner à leurs Administrés, chaque fois qu'il s'agit de l'Intérêt des Villes, dont la sage administration leur est confiée.

Lorsque j'ai élaboré mon projet, ce n'était pas sans quelques appréhensions.

Serais-je entendu ?

Je voulais bien le croire, mais sans oser l'espérer.

Au contact de votre bienveillant accueil, Messieurs, ma confiance semble grandir maintenant, et je commence à me convaincre que, dans un délai rapproché, le fil Téléphonique, tendu dans l'espace, entre Lodève, Clermont et Cette prodiguera entre nos deux Villes des conversations amicales, et établira, à jamais, pour nos Cités, désormais unies par un lien indissoluble, la plus étroite union ; et, que, entourés de toutes les Autorités, dont le concours précieux dans cette circonstance, aura marqué sa place au milieu de nous, nous pourrons sceller, prochainement, cette union, par une solennelle Inauguration de notre Réseau Téléphonique.

Et, à cette inauguration, à laquelle, vous vous ferez tous, Messieurs, un devoir d'assister, vous aurez avec fierté, la satisfaction de dire :

Par mon patriotisme désintéressé, j'ai été un des créateurs de ce réseau, et en aidant à l'édifier, je suis heureux d'avoir pu rendre service à mon Pays.

Lodève, le 21 Mars 1897

Etienne VITALIS

Président du Tribunal de Commerce de Lodève.

M. Vitalis a ensuite donné connaissance de tous les détails concernant le Projet à l'étude et a recueilli, de la part des personnes présentes à la réunion, un assentiment unanime pour la poursuite de la réalisation de la Ligne Téléphonique.

Il a fait ensuite connaître des souscriptions qu'il avait eu la bonne fortune d'inscrire jusqu'à ce moment-là et qui s'élevaient à une Dizaine de mille francs environ.

Quelques souscriptions ont été inscrites aussitôt, et M. le maire de Clermont a annoncé, à l'assistance, qu'il se proposait d'aller lui même, dès le lendemain, présenter, à domicile les listes de souscription.

Il a ensuite dit à M. Vitalis qu'il avait convoqué d'urgence son Conseil Municipal pour le mardi 23 mars, dans le but de s'occuper spécialement de cette affaire.

M. Vitalis, a aussitôt fait part à M. le Maire de Lodève de la décision prise par son collègue de Clermont, en le priant de vouloir bien communiquer, dans le plus bref délai, ce Projet au Conseil Municipal de notre ville.

Avant de clore la réunion, les maires de St-Félix-de-Lodez et de Lacoste ont déclaré que la création de ce réseau les intéressait à un si haut point, qu'ils étaient décidés, en principe, à se concerter avec leurs collègues de Ceyras et de Brignac, afin de réunir leurs communes respectives au bureau de Clermont, qui deviendrait par ce fait un Centre de Réseau.

Lodève, Imprimerie J.-B. JULLIAN

MARS
1897

MARS
1897

www.ingramcontent.com/pod-product-compliance
Lightning Source LLC
Chambersburg PA
CBHW050456210326
41520CB00019B/6238